Impressum
Verlag: BABADADA GmbH, Nedderfeld 112 , 22529 Hamburg
Geschäftsführer / Verlagsleitung: Harald Hof
Druck: Books on Demand GmbH, In de Tarpen 42, 22848 Norderstedt

Imprint
Publisher: BABADADA GmbH, Nedderfeld 112 , 22529 Hamburg, Germany
Managing Director / Publishing direction: Harald Hof
Print: Books on Demand GmbH, In de Tarpen 42, 22848 Norderstedt

школа

school

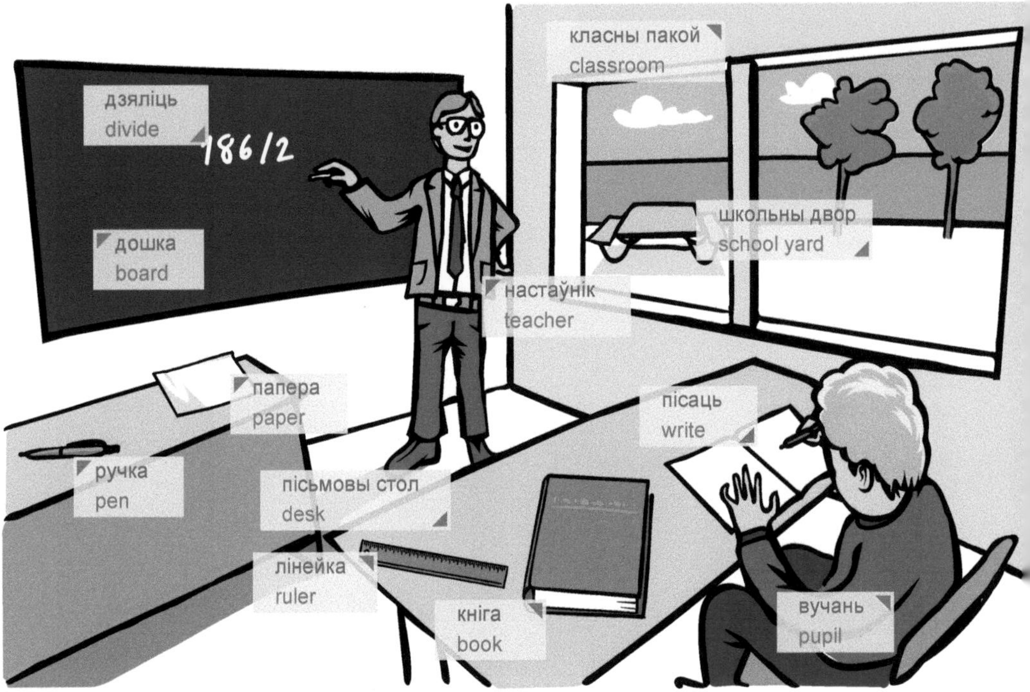

класны пакой
classroom
дзяліць
divide
186/2
дошка
board
школьны двор
school yard
настаўнік
teacher
папера
paper
пісаць
write
ручка
pen
пісьмовы стол
desk
лінейка
ruler
кніга
book
вучань
pupil

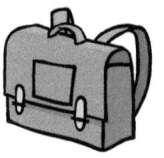

ранец

satchel

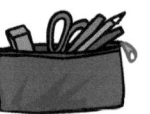

пенал

pencil case

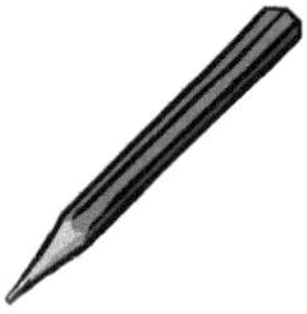

просты аловак

pencil

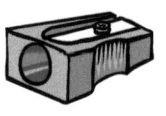

тачылка для алоўкаў

pencil sharpener

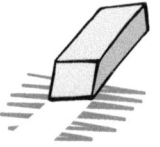

гумка

rubber

альбом для малявання

drawing pad

малюнак

drawing

пэндзлік

paintbrush

фарбы

paint box

нажніцы

scissors

клей

glue

сшытак

exercise book

хатняе заданне

homework

лік

number

2+2

дадаваць

add

5−2

адымаць

subtract

множыць

multiply

лічыць

calculate

A

літара

letter

ABCDEFG
HIJKLMN
OPQRSTU
VWXYZ

алфавіт

alphabet

слова

word

тэкст

text

чытаць

read

крэйда

chalk

ўрок

lesson

класны журнал

register

экзамен

examination

атэстат

certificate

школьная форма

school uniform

адукацыя

education

энцыклапедыя

encyclopedia

універсітэт

university

мікраскоп

microscope

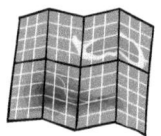

карта

map

смеццевы кошык

waste-paper basket

падарожжа

travel

гатэль
hotel
Grand
хостэл
hostel
ROOMS
EXCHANGE
абменны пункт
currency exchange office
чамадан
suitcase
аўтамабіль
car

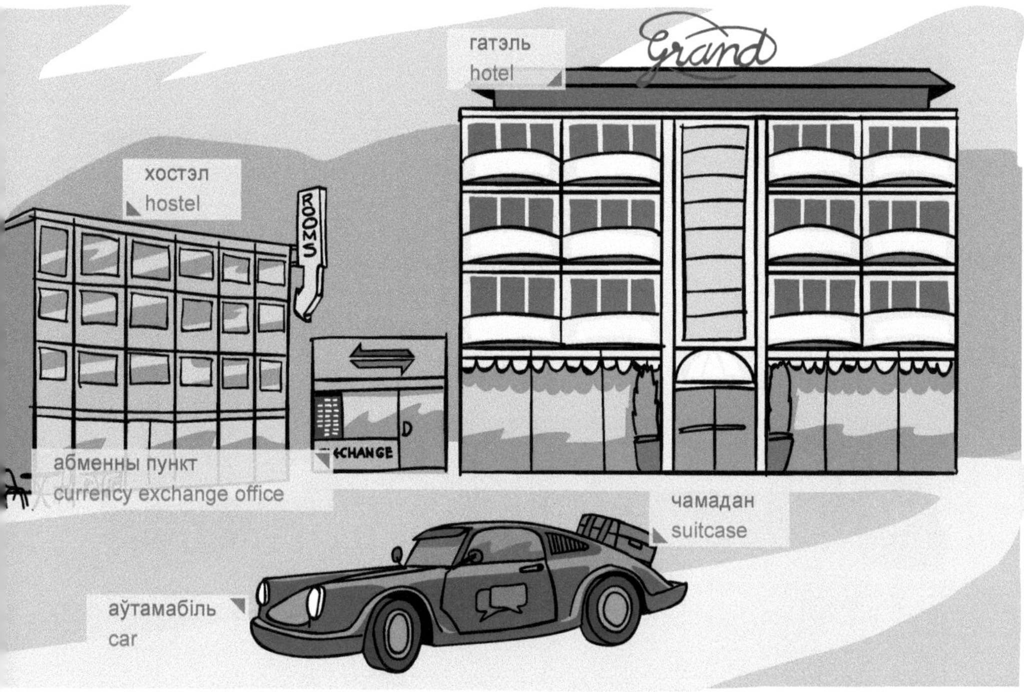

мова

language

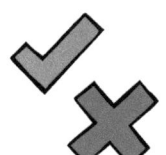

так / не

yes / no

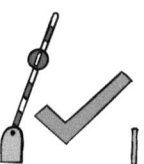

добра

Okay

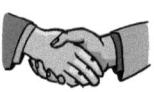

прывітанне!

hello

перакладчык

translator

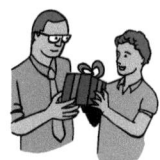

дзякуй

Thank you

Колькі каштуе....?

how much is...?

я не разумею

I don't get it

праблема

problem

Добры вечар!

Good evening!

Добрай раніцы!

Good morning!

Дабранач!

Good night!

да пабачэння

goodbye

кірунак

direction

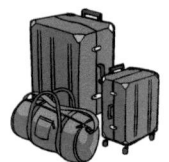

багаж

luggage

сумка

bag

заплечнік

backpack

госць

guest

пакой

room

спальны мяшок

sleeping bag

палатка

tent

нфармацыя для турыстаў

tourist information

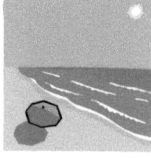

пляж

beach

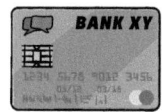

крэдытная картка

credit card

снеданне

breakfast

абед

lunch

вячэра

dinner

праязны білет

Ticket

ліфт

elevator

паштовая марка

stamp

мяжа

border

мытня

customs

пасольства

embassy

віза

visa

пашпарт

passport

транспарт

transport

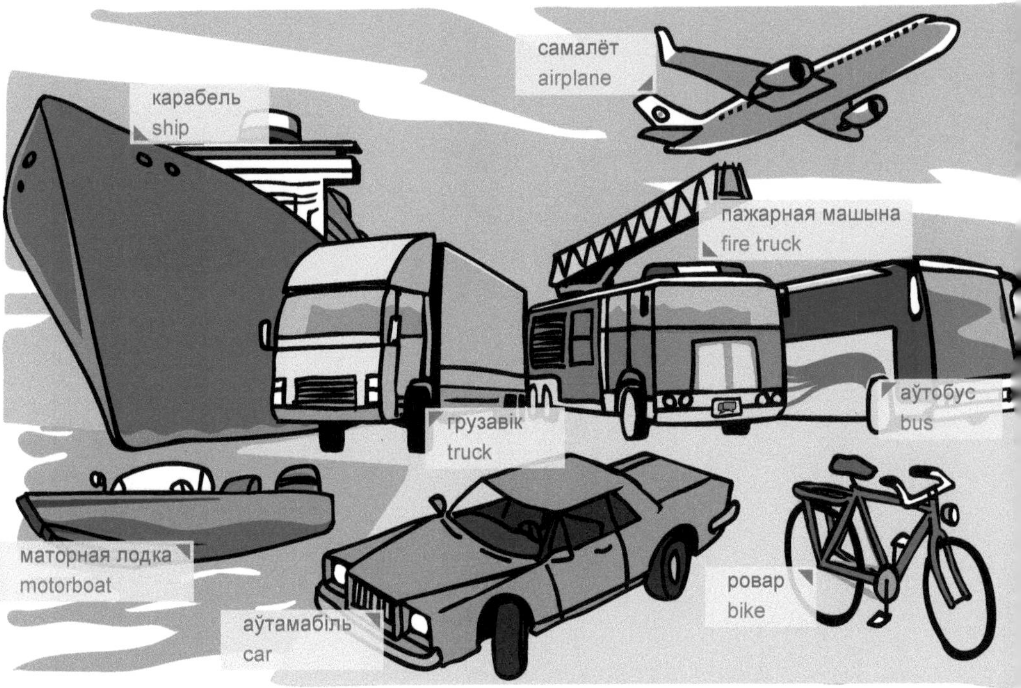
самалёт
airplane
карабель
ship
пажарная машына
fire truck
аўтобус
bus
грузавік
truck
маторная лодка
motorboat
ровар
bike
аўтамабіль
car

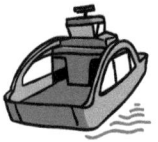

паром

ferry

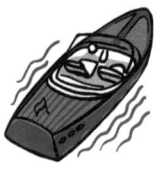

лодка

boat

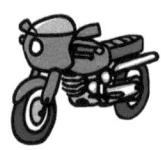

матацыкл

motorbike

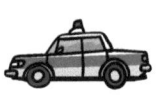

паліцэйская машына

police car

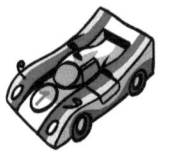

гоначны аўтамабіль

racing car

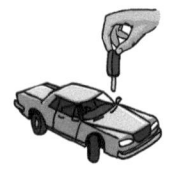

арэндаваны аўтамабіль

rental car

сумеснае карыстанне
аўтамабілем

car sharing

эвакуатар

tow truck

смеццявоз

garbage truck

матор

engine

паліва

fuel

запраўка

fuel station

дарожны знак

traffic sign

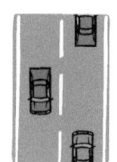

дарожны рух

traffic

затор

traffic jam

паркоўка

parking lot

чыгуначная станцыя

train station

рэйкі

tracks

цягнік

train

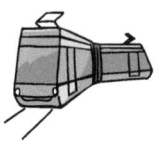

трамвай

tram

вагон

wagon

верталёт

helicopter

аэрапорт

airport

вежа

tower

пасажыр

passenger

кантэйнер

container

кардонная скрыня

carton

тачка

cart

карзіна

basket

ўзлятаць / прызямляцца

take off / land

горад

city

вёска

village

цэнтр горада

city center

дом

house

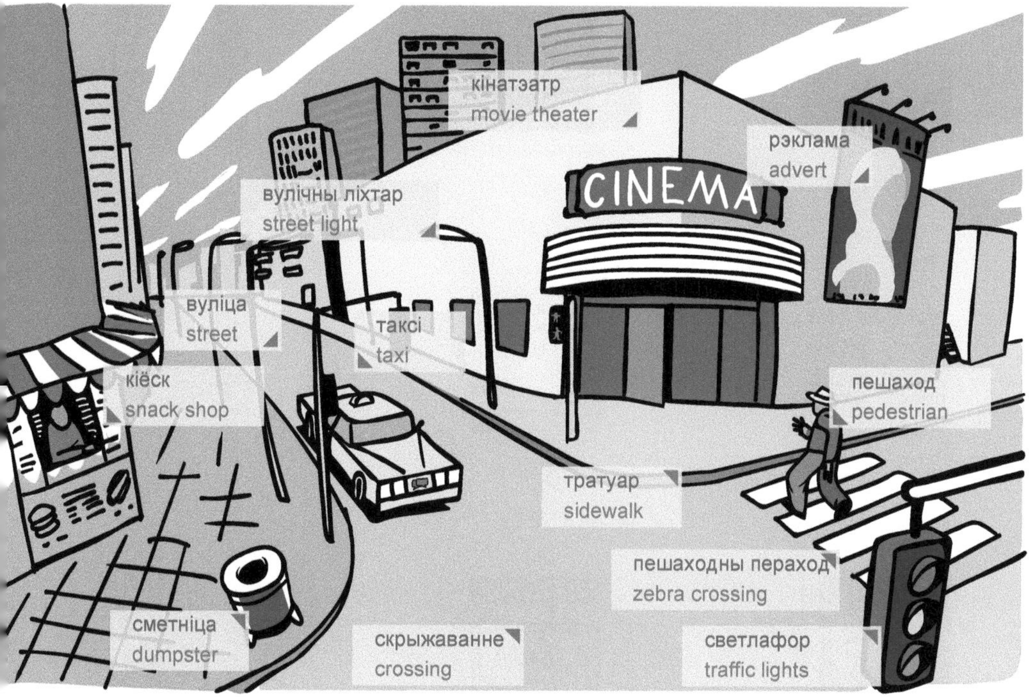

кінатэатр
movie theater

рэклама
advert

вулічны ліхтар
street light

CINEMA

вуліца
street

таксі
taxi

пешаход
pedestrian

кіёск
snack shop

тратуар
sidewalk

пешаходны пераход
zebra crossing

сметніца
dumpster

скрыжаванне
crossing

светлафор
traffic lights

халупа
hut

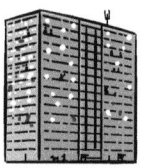

кватэра
apartment

чыгуначная станцыя
train station

ратуша
city hall

музей
museum

школа
school

універсітэт
university

банк
bank

шпіталь
hospital

гатэль
hotel

аптэка
pharmacy

офіс
office

кнігарня
book shop

крама
shop

кветкавая крама
flower shop

супермаркет
supermarket

кірмаш
market

універмаг
department store

рыбная крама
fishmonger's shop

гандлевы цэнтр
mall

порт
harbor

парк

park

лава

bench

мост

bridge

лесвіца

stairs

метро

subway

тунэль

tunnel

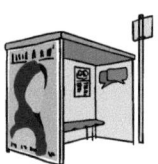

прыпынак

bus stop

бар

bar

рэстаран

restaurant

паштовая скрыня

postbox

вулічны паказальнік

street sign

паркамат

parking meter

заапарк

zoo

басейн

swimming pool

мячэць

mosque

сядзіба

farm

забруджванне
навакольнага асяроддзя

pollution

могілкі

cemetery

царква

church

пляцоўка для гульні

playground

храм

temple

краявід

landscape

ліст
leaf

паказальнік
signpost

дарога
path

луг
meadow

камень
stone

дрэва
tree

падарожнік
hiker

рака
river

трава
grass

кветка
flower

даліна
valley

гара
hill

возера
lake

лес
forest

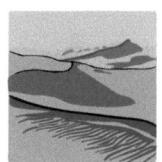

пустыня
desert

вулкан
volcano

замак
castle

вясёлка
rainbow

грыб
mushroom

пальма
palm tree

камар
mosquito

муха
fly

мурашка
ant

пчала
bee

павук
spider

жук

beetle

жаба

frog

вавёрка

squirrel

вожык

hedgehog

заяц

hare

сава

owl

птушка

bird

лебедзь

swan

дзік

boar

алень

deer

лось

moose

плаціна

dam

вятрак

wind turbine

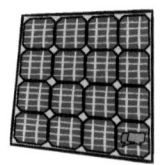

сонечная батарэя

solar panel

клімат

climate

рэстаран
restaurant

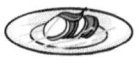

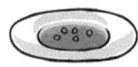

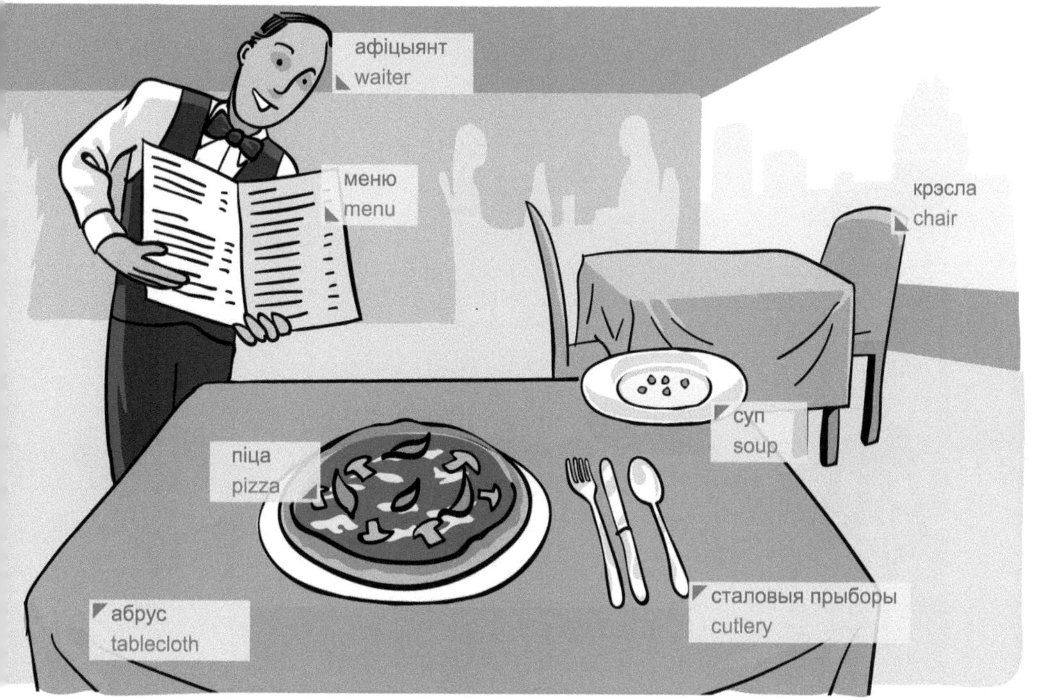
афіцыянт
waiter
меню
menu
крэсла
chair
суп
soup
піца
pizza
сталовыя прыборы
cutlery
абрус
tablecloth

закуска
starter

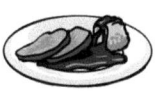

другая страва
main course

дэсерт
dessert

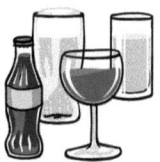

напоі
drinks

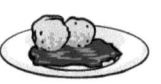

ежа
food

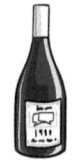

бутэлька
bottle

хуткае харчаванне (фаст-фуд)

fast food

стрыт-фуд

street food

імбрык (чайнік)

teapot

цукарніца

sugar bowl

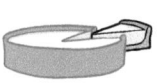

порцыя

portion

эспрэса-машына

espresso machine

дзіцячае крэселка

high chair

рахунак

bill

паднос

tray

нож

knife

відэлец

fork

лыжка

spoon

чайная лыжка

teaspoon

сурвэтка

serviette

шклянка

glass

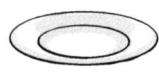

талерка

plate

супавая талерка

soup plate

сподак

saucer

соус

sauce

сальніца

salt shaker

млынок для перцу

pepper mill

воцат

vinegar

алей

oil

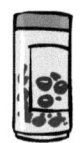

спецыі

spices

кетчуп

ketchup

гарчыца

mustard

маянэз

mayonnaise

супермаркет

supermarket

акцыя
special offer
FOR
пакупнік
customer
малочныя прадукты
dairy products
садавіна
fruit
вазок
shopping cart

BUTCHERS

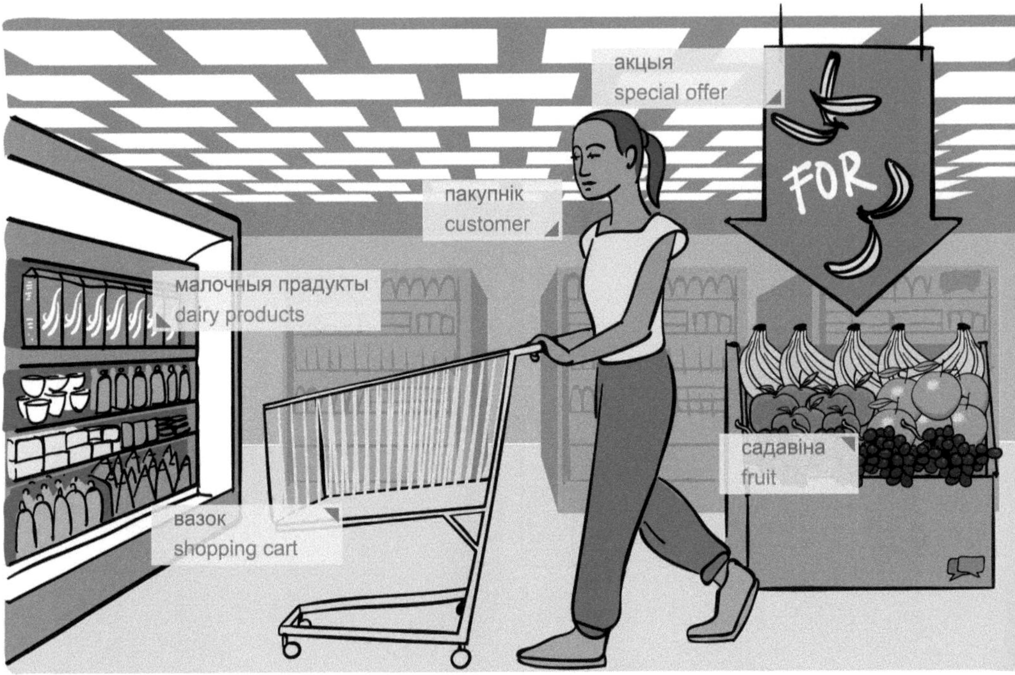

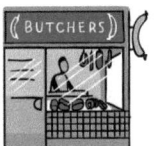

мясная крама

butcher's shop

BAKERY

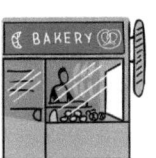

хлебны магазін

bakery

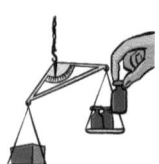

важыць

weigh

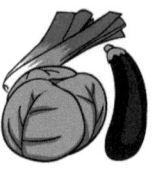

гародніна

vegetables

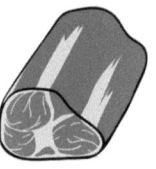

мяса

meat

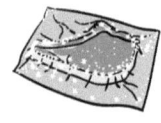

свежазамарожаныя прадукты

frozen food

нарэзка

cold cuts

кансервы

canned food

пральны парашок

detergent

прысмакі

candy

хатнія прылады

household products

чысцячы сродак

cleaning products

прадавец

sales representative

каса

cash register

касір

cashier

спіс пакупак

shopping list

гадзіны працы

opening hours

бумажнік

wallet

крэдытная картка

credit card

сумка

bag

пакет

plastic bag

напоі
drinks

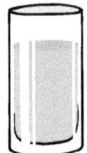

вада

water

сок

juice

малако

milk

кола

coke

віно

wine

піва

beer

алкаголь

alcohol

какава

cocoa

гарбата (чай)

tea

кава

coffee

эспрэса

espresso

капучына

cappuccino

банан

banana

яблык

apple

апельсін

orange

дыня

melon

лімон

lemon

морква

carrot

часнок

garlic

бамбук

bamboo

цыбуля

onion

грыб

mushroom

арэхі

nuts

локшына

noodles

спагеці

spaghetti

рыс

rice

салата

salad

бульба фры

fries

смажаная бульба

fried potatoes

піца

pizza

гамбургер

hamburger

бутэрброд

sandwich

шніцаль

escalope

вяндліна

ham

салямі

salami

каўбаса

sausage

курыца

chicken

смажаніна

roast

рыбак

fish

аўсяныя камякі

porridge oats

мюслі

muesli

кукурузныя шматкі

cornflakes

мука

flour

круасан

croissant

булачка

bread roll

хлеб

bread

тост

toast

пячэнне

cookies

масла

butter

тварог

curd

пірог

cake

яйка

egg

яечня

fried egg

сыр

cheese

марожанае

ice cream

цукар

sugar

мёд

honey

варэнне

jelly

нуга

nougat cream

кары

curry

ежа - food

сядзіба
farm

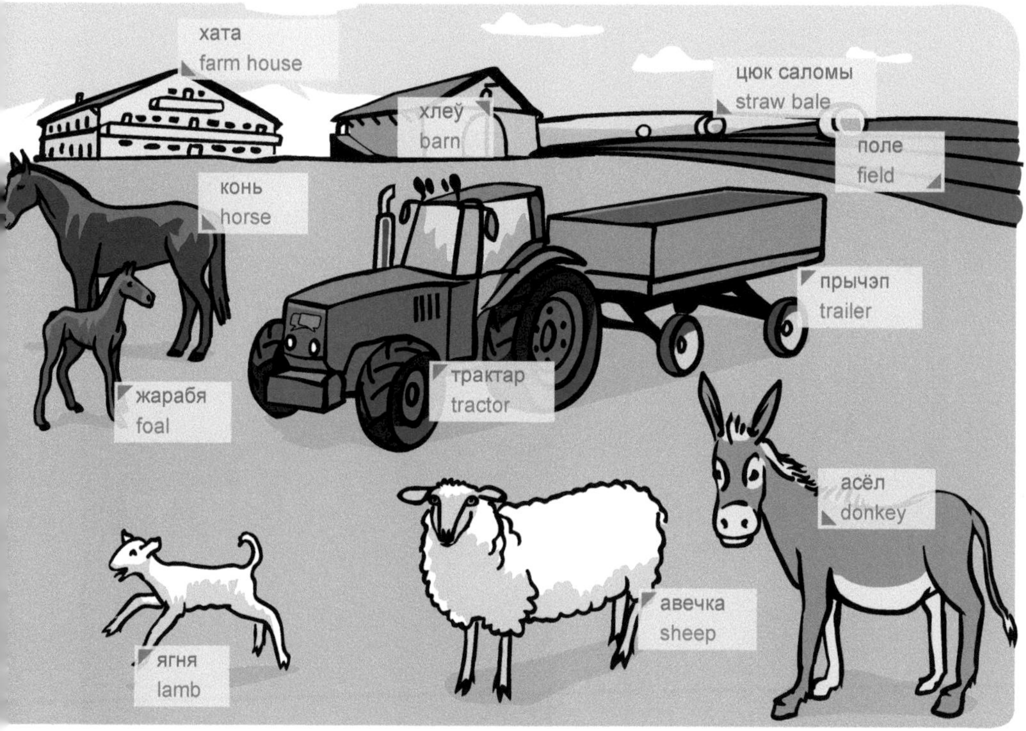
хата
farm house
хлеў
barn
цюк саломы
straw bale
поле
field
конь
horse
прычэп
trailer
трактар
tractor
жарабя
foal
асёл
donkey
авечка
sheep
ягня
lamb

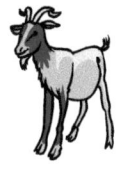

каза

goat

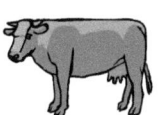

карова

cow

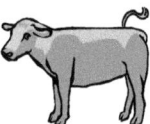

цяля

calf

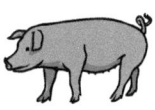

свіння

pig

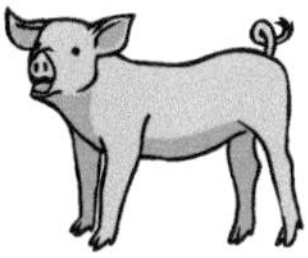

парася

piglet

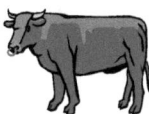

бык

bull

гусак
goose

качка
duck

кураня
chick

курыца
hen

певень
cockerel

пацук
rat

кот
cat

мыш
mouse

вол
ox

сабака
dog

сабачая будка
dog house

садовы шланг
garden hose

палівачка
watering can

каса
scythe

плуг
plow

серп

sickle

матыка

hoe

вілы для гною

pitchfork

сякера

axe

тачка

pushcart

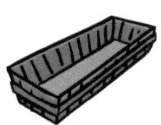

карыта

trough

бітон для малака

milk can

мех

sack

плот

fence

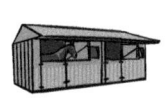

хлеў

stable

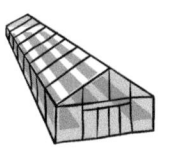

цяпліца

greenhouse

глеба

soil

насенне

seed

угнаенне

fertilizer

камбайн

combine harvester

збіраць ураджай

harvest

ураджай

harvest

ямс

yams

пшаніца

wheat

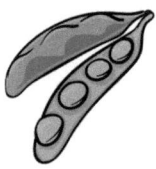

соя

soya

бульба

potato

кукуруза

corn

рапс

rapeseed

садовае дрэва

fruit tree

маніёк

manioc

збожжа

grain

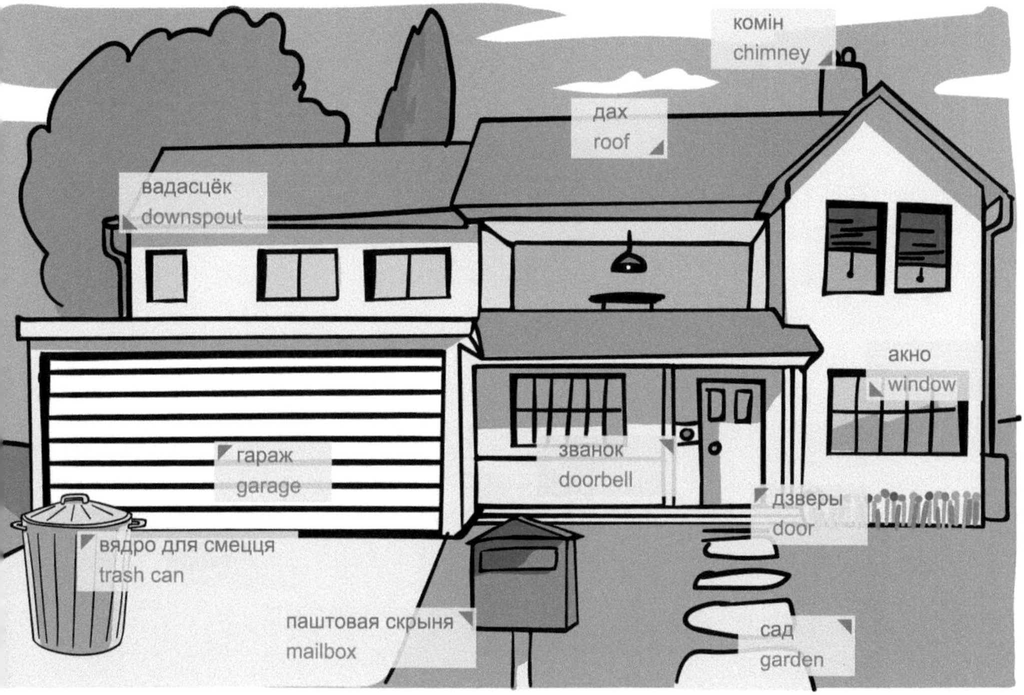

комін
chimney

дах
roof

вадасцёк
downspout

акно
window

гараж
garage

званок
doorbell

дзверы
door

вядро для смецця
trash can

паштовая скрыня
mailbox

сад
garden

жылы пакой
living room

ванная
bathroom

кухня
kitchen

спальны пакой
bedroom

дзіцячы пакой
kids room

сталоўка
dining room

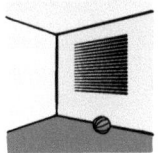

падлога
....
floor

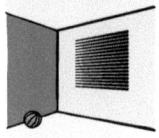

сцяна
....
wall

столь
....
ceiling

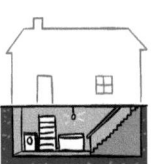

падвал
....
cellar

саўна
....
sauna

балкон
....
balcony

тэраса
....
terrace

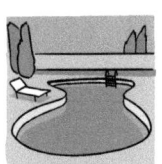

басейн
....
pool

касілка
....
lawn mower

падкоўдранік
....
sheet

коўдра
....
bedspread

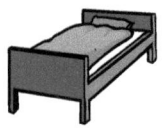

ложак
....
bed

венік
....
broom

вядро
....
bucket

выключальнік
....
switch

жылы пакой
living room

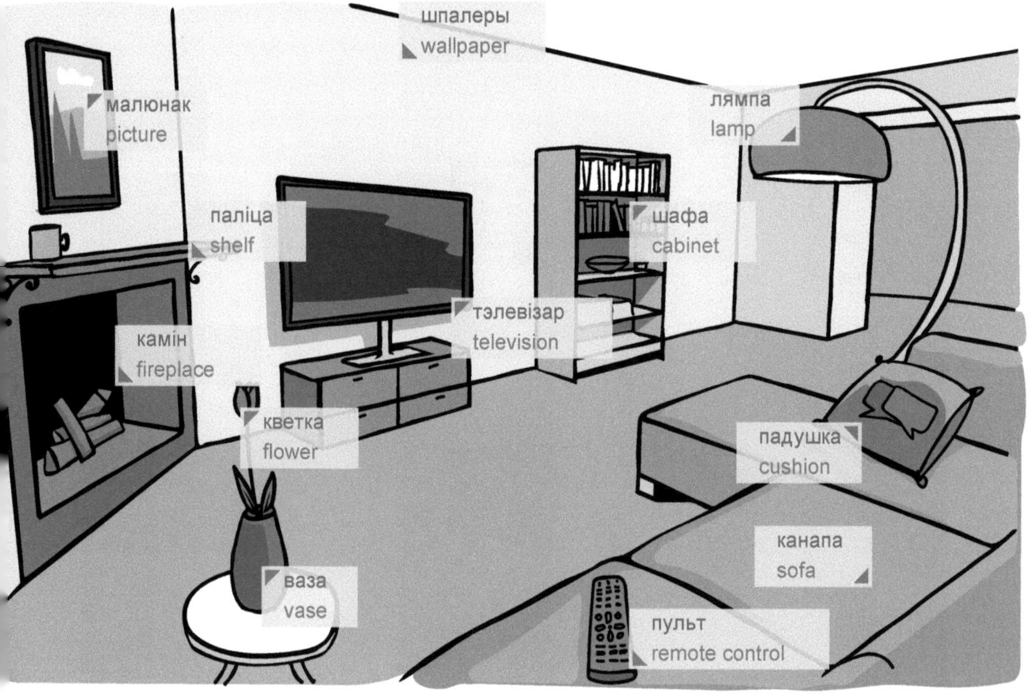

шпалеры
wallpaper
малюнак
picture
лямпа
lamp
паліца
shelf
шафа
cabinet
тэлевізар
television
камін
fireplace
кветка
flower
падушка
cushion
канапа
sofa
ваза
vase
пульт
remote control

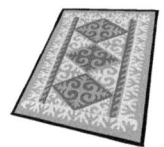

дыван

carpet

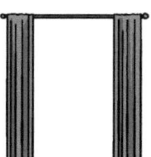

фіранка

drape

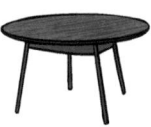

стол

table

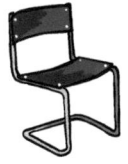

крэсла

chair

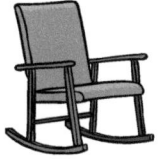

крэсла-качалка

rocking chair

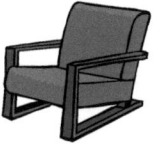

крэсла

armchair

кніга

book

коўдра

blanket

дэкарацыя

decoration

дровы

firewood

кіно

film

стэрэасістэма

stereo system

ключ

key

газета

newspaper

карціна

painting

постар

poster

радыё

radio

нататнік

notebook

пыласос

vacuum cleaner

кактус

cactus

свечка

candle

кухня
kitchen

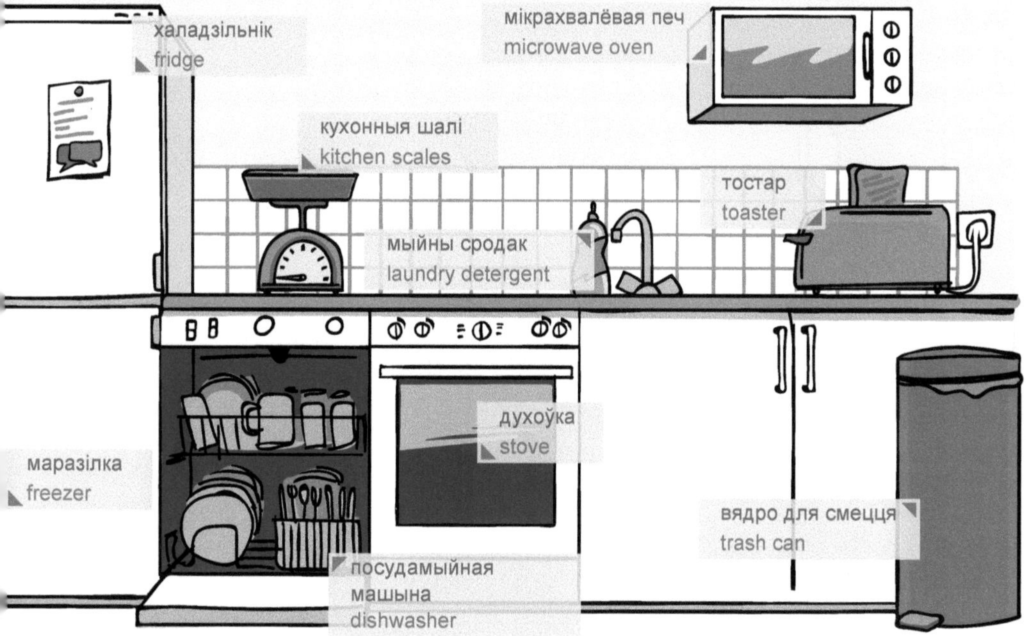
халадзільнік
fridge
мікрахвалёвая печ
microwave oven
кухонныя шалі
kitchen scales
тостар
toaster
мыйны сродак
laundry detergent
духоўка
stove
маразілка
freezer
вядро для смецця
trash can
посудамыйная
машына
dishwasher

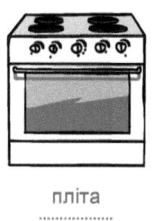

пліта
cooker

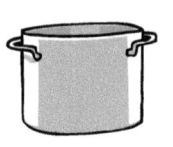

рондаль
pot

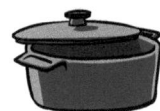

чыгунок
cast-iron pot

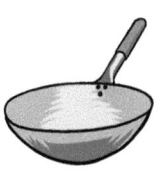

Вок / кадаі
wok / kadai

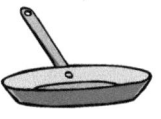

патэльня
pan

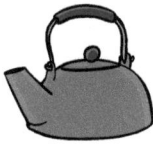

чайнік
kettle

параварка

steamer

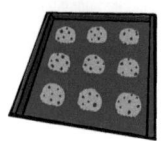

бляха

baking tray

посуд

crockery

кубак

mug

міска

bowl

палачкі для ежы

chopsticks

чарпак

ladle

лапатачка

spatula

збівалка

whisk

сіта для варэння

strainer

сіта

sieve

тарка

grater

ступка

mortar

грыль

barbecue

вогнішча

fireplace

дошка

chopping board

качалка

rolling pin

штопар

corkscrew

бляшанка

can

адкрывалка

can opener

прыхваткі

oven cloth

ракавіна

sink

шчотка

brush

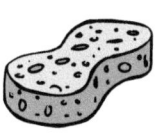

губка

sponge

міксер

blender

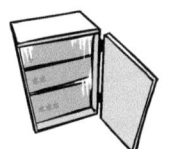

маразільная камера

deep freezer

бутэлечка

baby bottle

вадаправодны кран

tap

ванная

bathroom

душ
shower
ручніковы сушыцель
heating
ручнік
towel
штора для душа
shower curtain
пенная ванна
bubble bath
ванна
bathtub
шклянка
glass
мыйная машына
washing machine
вадаправодны кран
tap
плітка
tiles
начны гаршчок
potty
ракавіна
sink

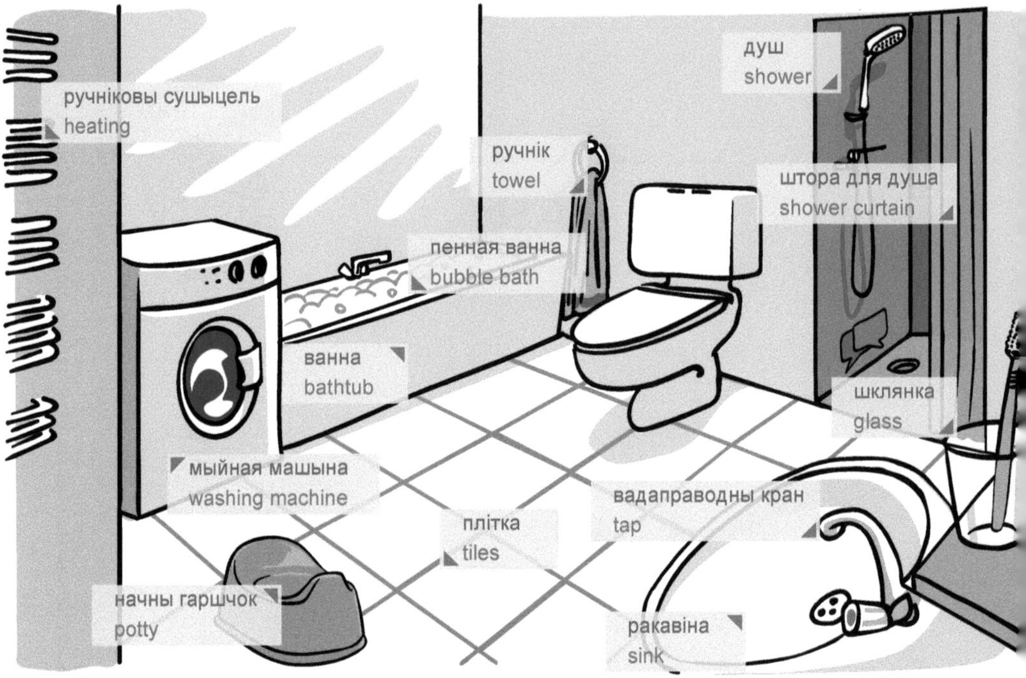

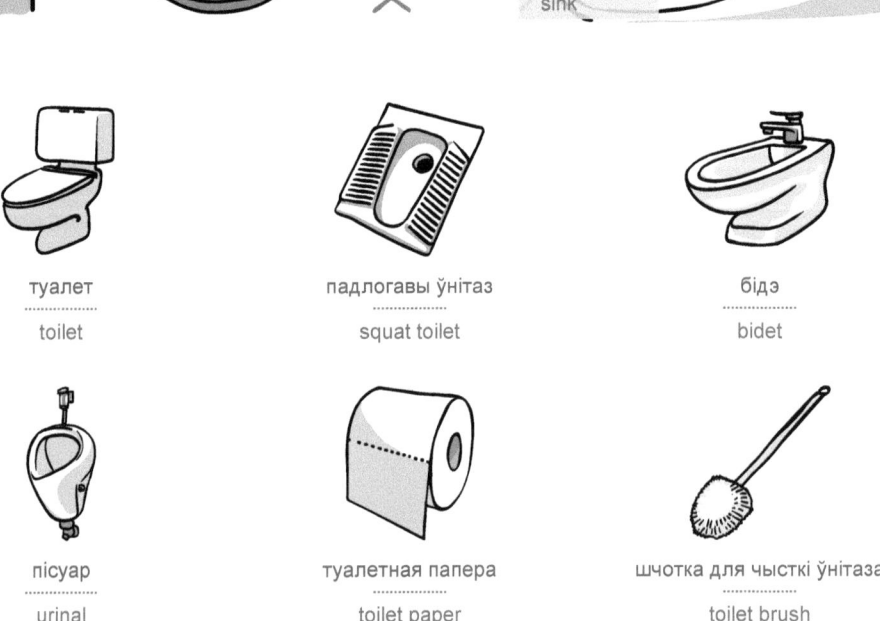

туалет

toilet

падлогавы ўнітаз

squat toilet

бідэ

bidet

пісуар

urinal

туалетная папера

toilet paper

шчотка для чысткі ўнітаза

toilet brush

зубная шчотка

toothbrush

зубная паста

toothpaste

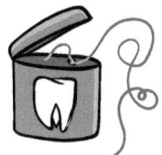

зубная нітка

dental floss

мыць

wash

ручны душ

hand shower

інтымны душ

douche

умывальнік

basin

шчотка для спіны

back brush

мыла

soap

гель для душа

shower gel

шампунь

shampoo

вяхотка

flannel

вадасцёк

drain

крэм

creme

дэзадарант

deodorant

люстэрка

mirror

касметычнае люстэрка

hand mirror

станок для галення

razor

пена для галення

shaving foam

ласьён пасля галення

aftershave

грэбень

comb

шчотка

brush

фен

hair-dryer

лак для валасоў

hairspray

касметыка

makeup

памада

lipstick

лак для пазногцяў

nail varnish

вата

cotton wool

манікюрныя нажніцы

nail scissors

духі

perfume

касметычка

washbag

табурэтка

stool

вагі

weighing scales

лазневы халат

bathrobe

санітарныя пальчаткі

rubber gloves

тампон

tampon

гігіенічныя пракладкі

sanitary towel

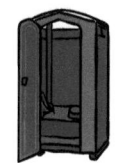

біятуалет

chemical toilet

дзіцячы пакой

kids room

будзільнік
alarm clock
мяккая цацка
cuddly toy
цацачная машынка
toy car
бразготка
rattle
лялечны домік
doll's house
падарунак
present

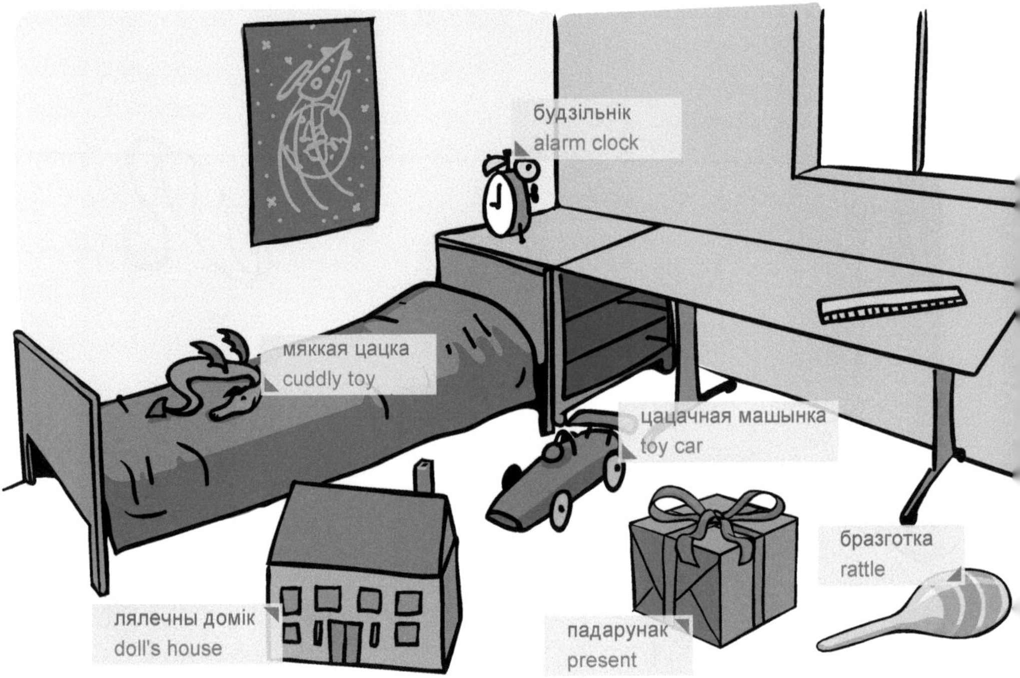

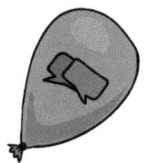

надзіманы шарык

balloon

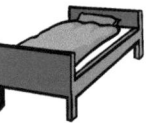

ложак

bed

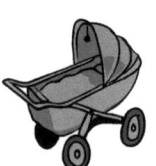

дзіцячая каляска

stroller

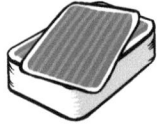

калода картаў

deck of cards

пазл

jigsaw

SUPER MEGA

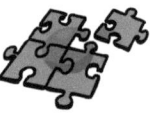

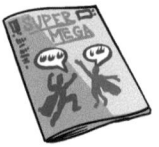

комікс

comic

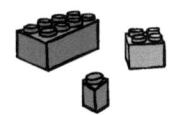

канструктар "Лега"

lego bricks

канструктар

toy blocks

экшэн-фігурка

action figure

дзіцячы гарнітур

romper suit

фрызбі

frisbee

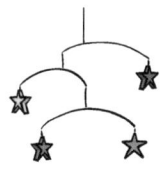

дзіцячы мабіль

mobile

настольная гульня

board game

кубік

dice

дзіцячая чыгунка

model train set

пустышка

pacifier

дзіцячае свята

party

кніга з малюнкамі

picture book

мячык

ball

лялька

doll

гуляцца

play

пясочніца

sandpit

арэлі

swing

цацкі

toys

гульнявая відэа прыстаўка

video game console

трохколавы ровар

tricycle

плюшавы мішка

teddy bear

шафа

wardrobe

адзенне

clothing

шкарпэткі

socks

панчохі

stockings

калготкі

tights

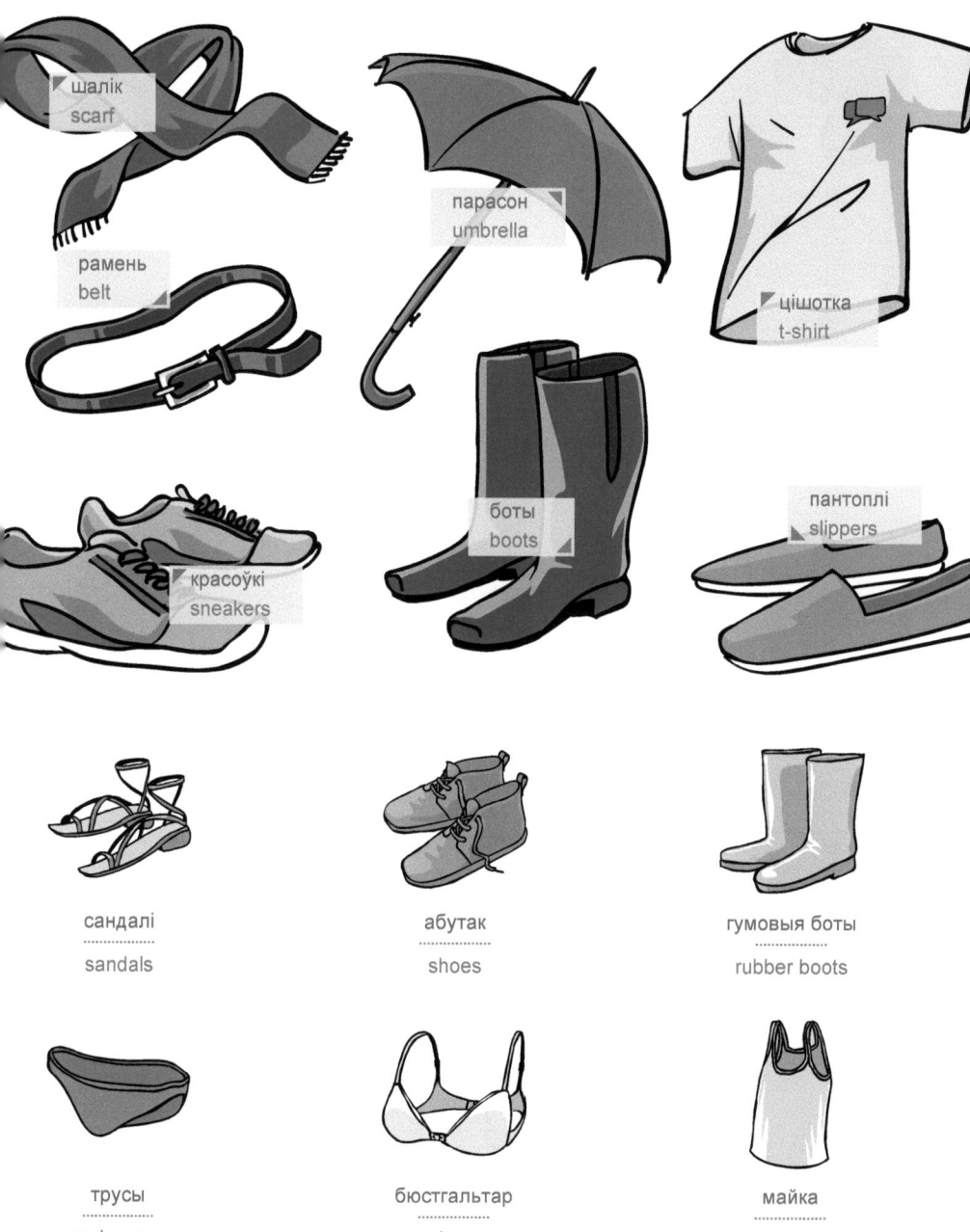

шалік
scarf

рамень
belt

парасон
umbrella

цішотка
t-shirt

красоўкі
sneakers

боты
boots

пантоплі
slippers

сандалі

sandals

абутак

shoes

гумовыя боты

rubber boots

трусы

underwear

бюстгальтар

bra

майка

undershirt

бодзі

body

штаны

pants

джынсы

jeans

спадніца

skirt

блузка

blouse

кашуля

shirt

джэмпер

pullover

талстоўка

sweater

блэйзер

blazer

куртка

jacket

паліто

coat

дажджавік

raincoat

касцюм

costume

сукенка

dress

вясельная сукенка

wedding dress

касцюм

suit

начная сарочка

nightgown

піжама

pajamas

сары

sari

хустка

headscarf

цюрбан

turban

паранджа

burka

каптан

kaftan

Абая

abaya

купальнік

swimsuit

плаўкі

trunks

шорты

shorts

спартыўны касцюм

tracksuit

фартух

apron

пальчаткі

gloves

гузік

button

акуляры

glasses

бранзалет

bracelet

каралі

necklace

кальцо

ring

завушніца

earring

кепка

cap

вешалка

coat hanger

капялюш

hat

гальштук

tie

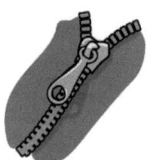

маланка

zip

шлем

helmet

падцяжкі

braces

школьная форма

school uniform

уніформа

uniform

нагруднік

bib

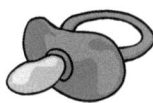

пустышка

pacifier

падгузнік

diaper

сервер
server

канцылярская шафа
filing cabinet

прынтэр
printer

манітор
monitor

папера
paper

пісьмовы стол
desk

мыш
mouse

тэчка
folder

клавіятура
keyboard

смеццевы кошык
waste-paper basket

кампутар
computer

крэсла
chair

бак для кавы (філіжанка)

coffee mug

калькулятар

calculator

інтэрнэт

internet

офіс - office

49

ноўтбук

laptop

ліст

letter

павведамленне

message

мабільны тэлефон

cell phone

сетка

network

ксеракс

photocopier

праграмнае забеспячэнне

software

тэлефон

telephone

разетка

plug socket

факс

fax machine

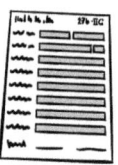

фармуляр

form

дакумент

document

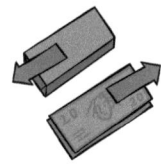

купляць

buy

плаціць

pay

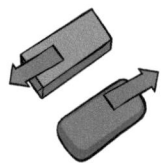

гандляваць

trade

грошы

money

USD

долар

dollar

EUR

еўра

euro

JPY

ена

yen

RUB

рубель

rouble

CHF

франк

Swiss franc

CNY

кітайскі юань

renminbi yuan

INR

рупія

rupee

банкамат

cash point

абменны пункт

currency exchange office

золата

gold

срэбра

silver

нафта

oil

энергія

energy

цана

price

кантракт

contract

падатак

tax

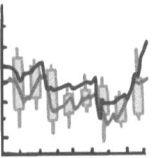

акцыя

stock

працаваць

work

служачы

employee

працадаўца

employer

фабрыка

factory

крама

shop

прафесіі
occupations

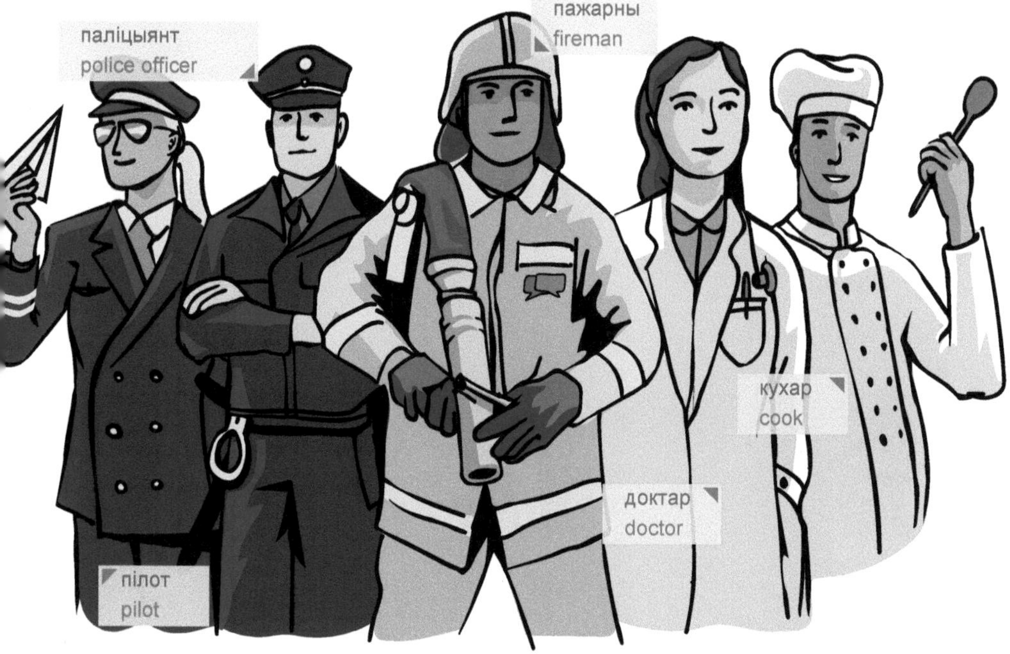
паліцыянт
police officer
пажарны
fireman
кухар
cook
доктар
doctor
пілот
pilot

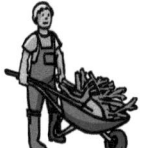

садоўнік

gardener

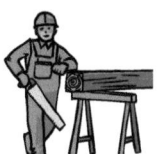

слесар

carpenter

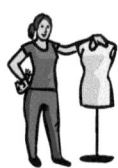

швачка

seamstress

суддзя

judge

хімік

chemist

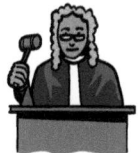

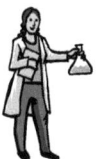

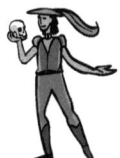

артыст

actor

кіроўца аўтобуса

bus driver

таксіст

taxi driver

рыбак

fisherman

прыбіральшчыца

cleaning lady

страхар

roofer

афіцыянт

waiter

паляўнічы

hunter

мастак

painter

пекар

baker

электрык

electrician

будаўнік

builder

інжынер

engineer

мяснік

butcher

сантэхнік

plumber

паштальён

postman

салдат

soldier

архітэктар

architect

касір

cashier

фларыст

florist

цырульнік

hairdresser

кандуктар

conductor

механік

mechanic

капітан

captain

стаматолаг

dentist

вучоны

scientist

рабін

rabbi

імам

imam

манах

monk

святар

pastor

інструменты
tools

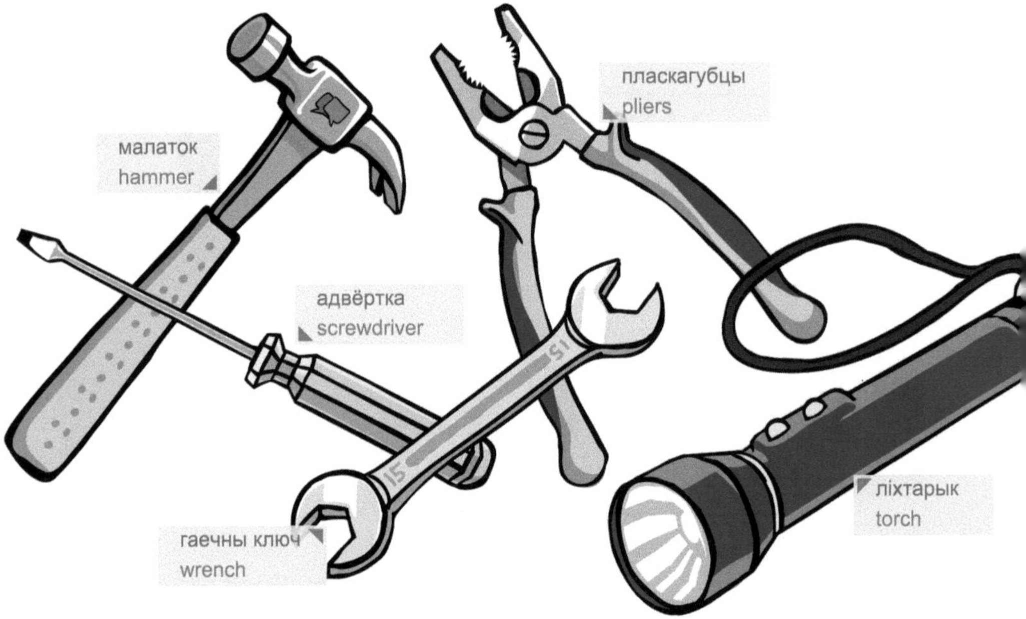

малаток
hammer
пласкагубцы
pliers
адвёртка
screwdriver
гаечны ключ
wrench
ліхтарык
torch

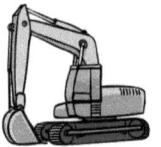

экскаватар

excavator

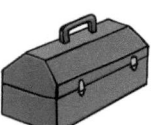

скрыня для інструментаў

toolbox

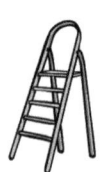

дравіны

ladder

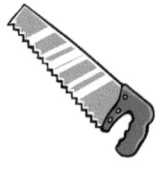

піла

saw

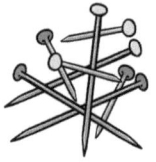

цвікі

nails

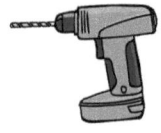

дрыль

drill

рамантаваць

repair

рыдлеўка

shovel

Халера!

Damn!

шуфлік для смецця

dustpan

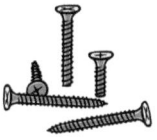

вядро з фарбаю

paint can

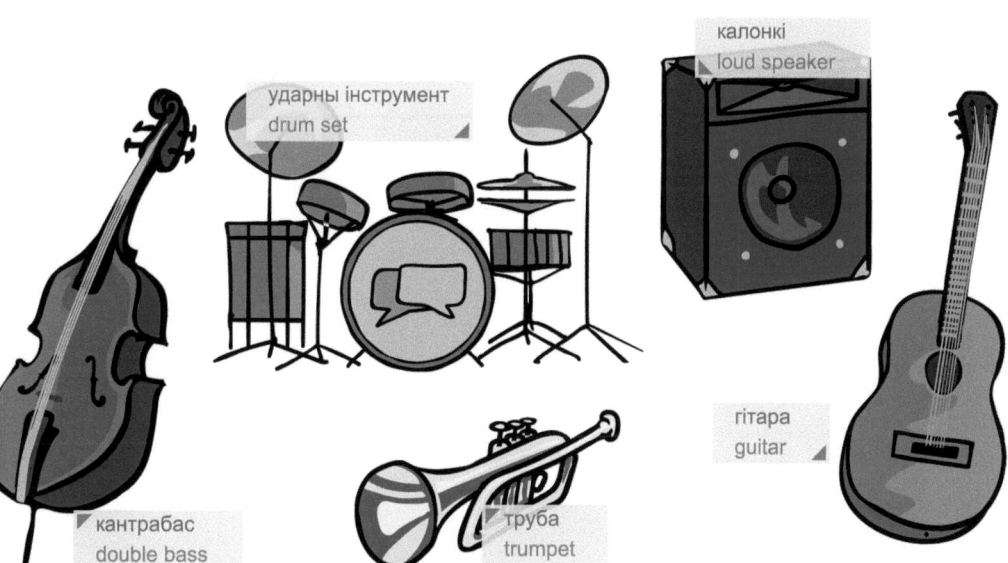

балты

screws

музычныя інструменты
musical instruments

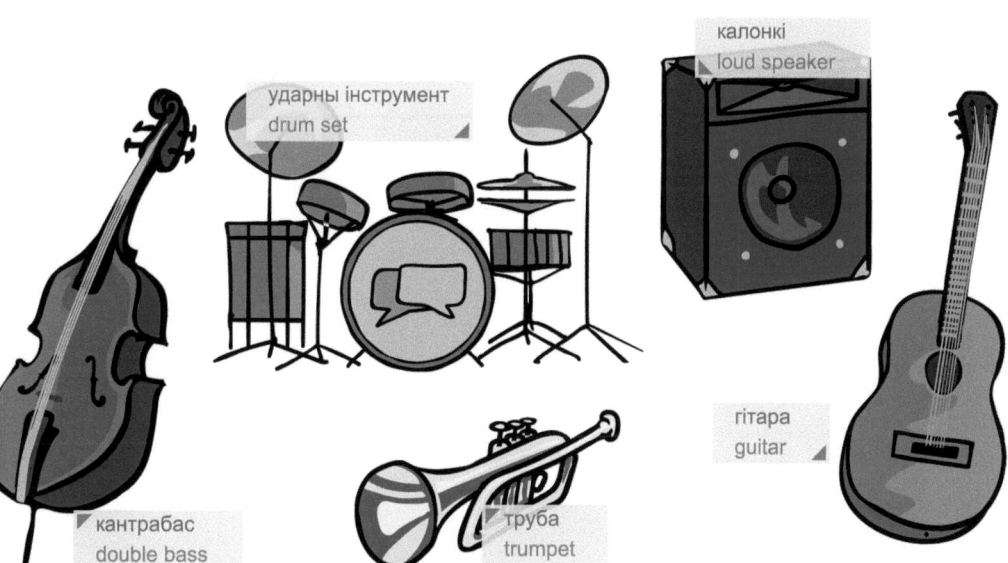

калонкі
loud speaker

ударны інструмент
drum set

гітара
guitar

кантрабас
double bass

труба
trumpet

піяніна

piano

скрыпка

violin

басгітара

bass

літаўры

timpani

барабан

drums

клавішны электрамузычны
інструмент

keyboard

саксафон

saxophone

флейта

flute

мікрафон

microphone

заапарк

zoo

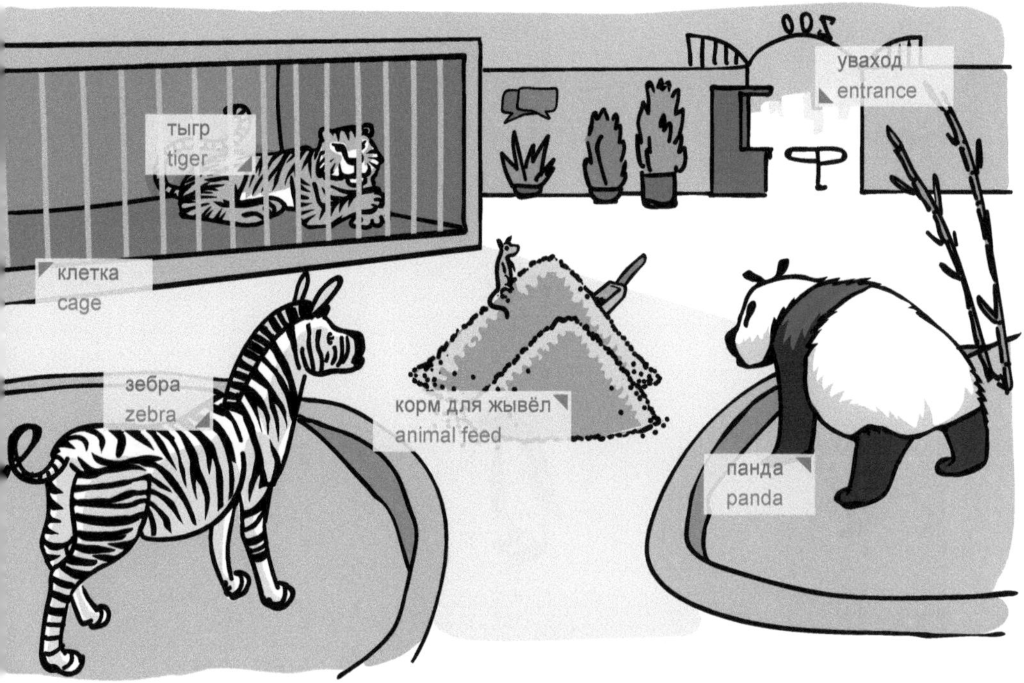

тыгр
tiger
уваход
entrance
клетка
cage
зебра
zebra
корм для жывёл
animal feed
панда
panda

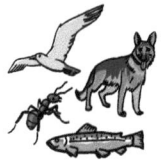

жывёлы
animals

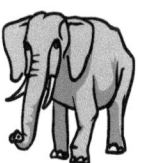

слон
elephant

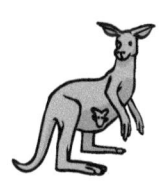

кенгуру
kangaroo

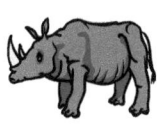

насарог
rhino

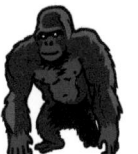

гарыла
gorilla

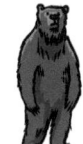

мядзведзь
bear

вярблюд

camel

стравус

ostrich

леў

lion

малпа

monkey

фламінга

flamingo

папугай

parrot

белы мядзведзь

polar bear

пінгвін

penguin

акула

shark

паўлін

peacock

змяя

snake

кракадзіл

crocodile

наглядчык заапарка

zookeeper

цюлень

seal

ягуар

jaguar

поні

pony

леапард

leopard

бегемот

hippo

жыраф

giraffe

арол

eagle

дзік

boar

рыбак

fish

чарапаха

turtle

морж

walrus

ліса

fox

газель

gazelle

амерыканскі футбол
American football

веласпорт
cycling

тэніс
tennis

баскетбол
basketball

плаванне
swimming

бокс
boxing

хакей з шайбай
ice hockey

футбол
soccer

бадмінтон
badminton

лёгкая атлетыка
athletics

гандбол
handball

горныя лыжы
skiing

пола
polo

дзейнасць
activities

скакаць
jump
абдымаць
hug
смяяцца
laugh
ісці
walk
спяваць
sing
марыць
dream
маліцца
pray
цалаваць
kiss

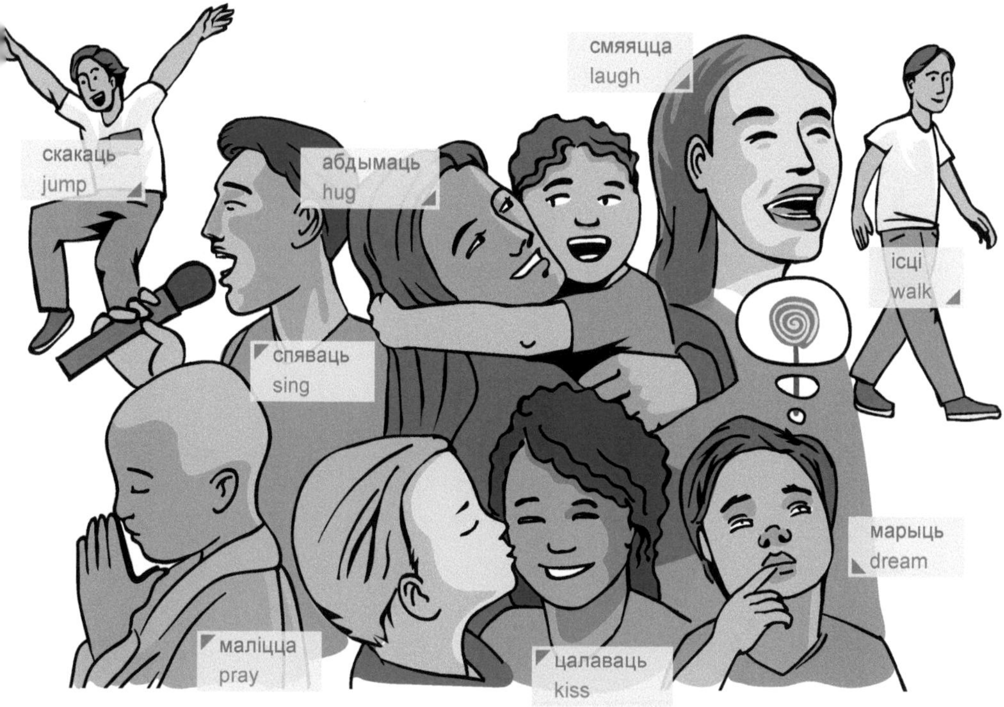

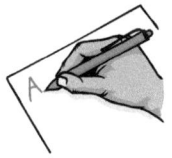

пісаць

write

маляваць

draw

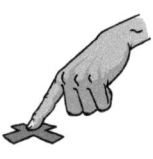

паказваць

show

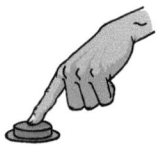

націснуць

push

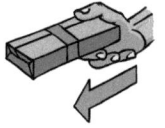

даваць

give

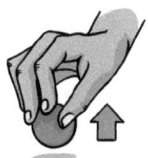

браць

take

маць

have

выконваць

do

быць

be

стаяць

stand

бегчы

run

цягнуць

pull

кідаць

throw

падаць

fall

ляжаць

lie

чакаць

wait

насіць

carry

сядзець

sit

апранацца

get dressed

спаць

sleep

прачынацца

wake up

глядзець

look at

плакаць

cry

лашчыць

stroke

прычэсвацца

comb

гаварыць

talk

разумець

understand

пытаць

ask

чуць

listen

піць

drink

есці

eat

прыбіраць

tidy up

кахаць

love

гатаваць

cook

ехаць

drive

лятаць

fly

дзейнасць - activities

плаваць пад ветразем

sail

лічыць

calculate

чытаць

read

вучыць

learn

працаваць

work

уступаць у шлюб

marry

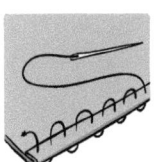

шыць

sew

чысціць зубы

brush teeth

забіваць

kill

курыць

smoke

пасылаць

send

сям'я

family

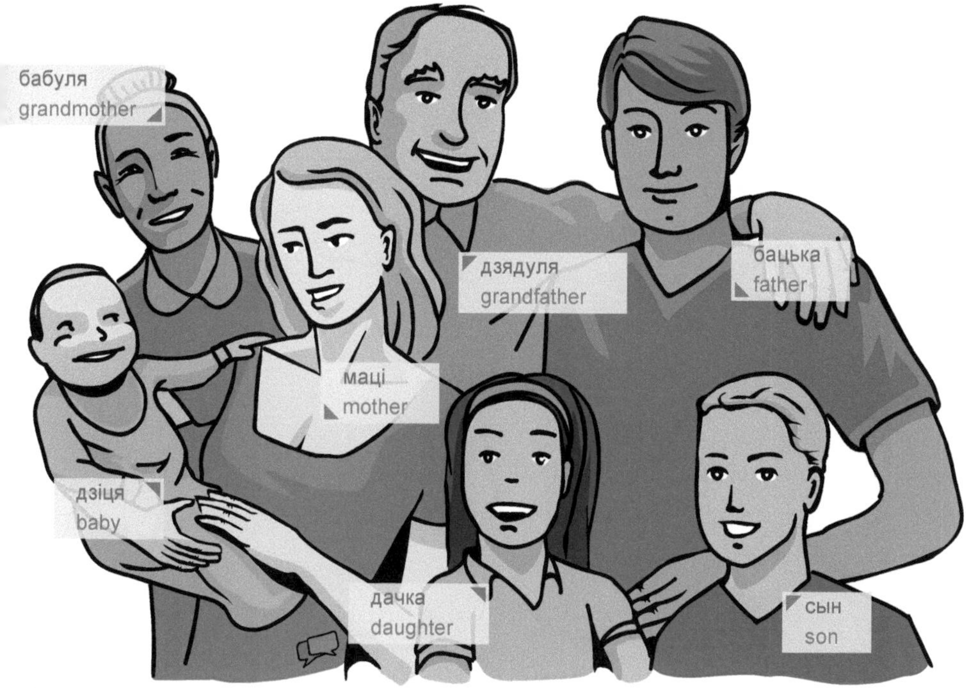
бабуля
grandmother
дзядуля
grandfather
бацька
father
маці
mother
дзіця
baby
дачка
daughter
сын
son

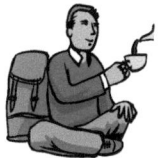

госць
guest

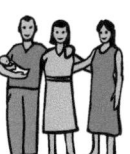

цётка
aunt

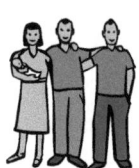

дзядзька
uncle

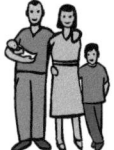

брат
brother

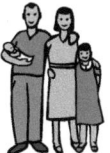

сястра
sister

цела

body

лоб
forehead
вока
eye
плячо
shoulder
палец
finger
твар
face
падбародак
chin
рука
hand
грудзі
breast
нага
leg
рука
arm

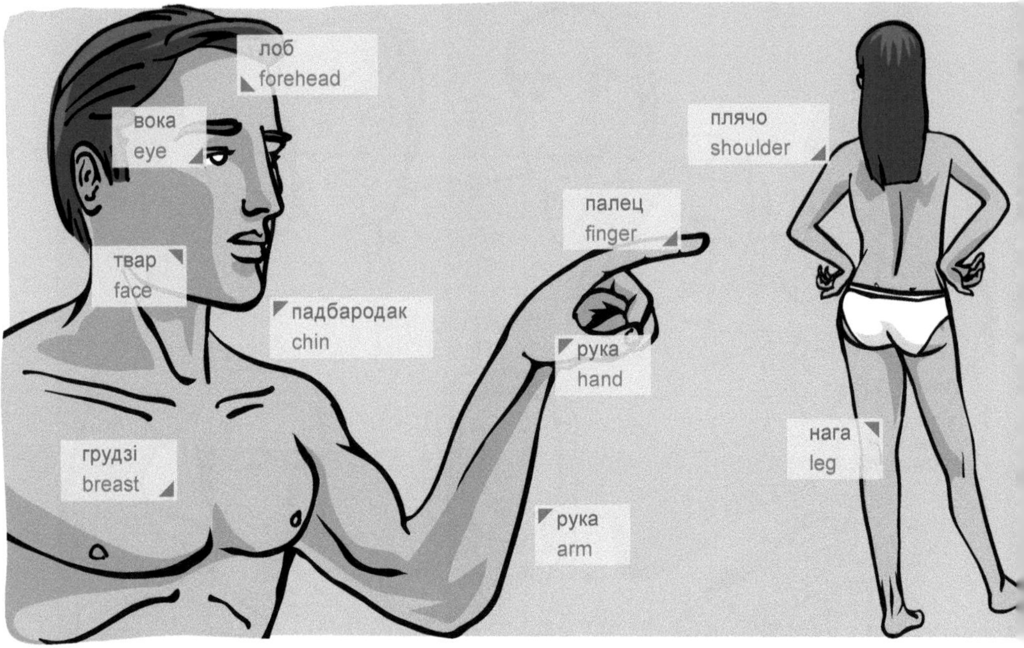

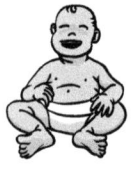

дзіця
baby

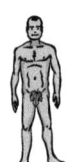

мужчына
man

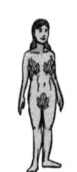

жанчына
woman

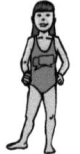

дзяўчынка
girl

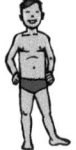

хлопчык
boy

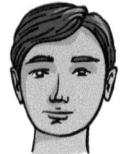

галава
head

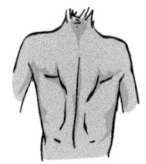

спіна

back

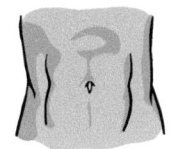

жывот

belly

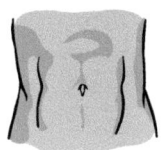

пуп

navel

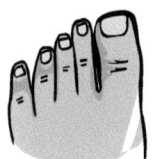

палец нагі

toe

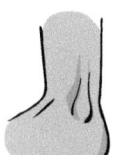

пятка

heel

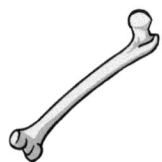

костка

bone

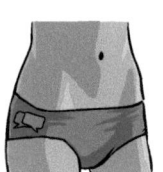

бядро

hip

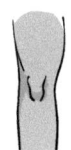

калена

knee

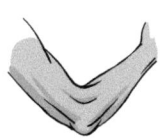

локаць

elbow

нос

nose

ягадзіца

buttocks

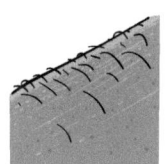

скура

skin

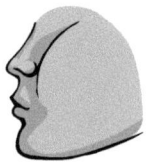

шчака

cheek

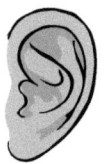

вуха

ear

губа

lip

цела - body

рот
....
mouth

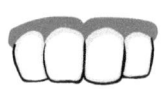

зуб
....
tooth

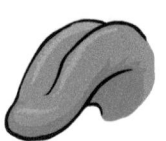

язык
....
tongue

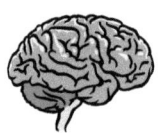

галаўны мозг
....
brain

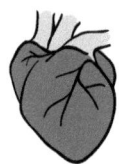

сэрца
....
heart

мышца
....
muscle

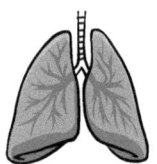

лёгкае
....
lung

пячонка
....
liver

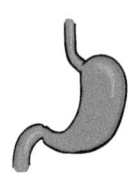

страўнік
....
stomach

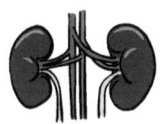

ныркі
....
kidneys

сэкс
....
sex

прэзерватыў
....
condom

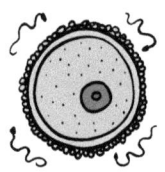

яйцаклетка
....
ovum

сперма
....
semen

цяжарнасць
....
pregnancy

цела - body

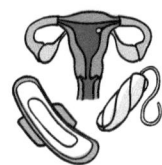

менструацыя

menstruation

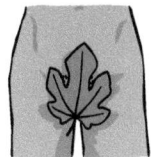

похва

vagina

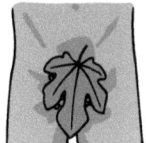

пеніс

penis

брыво

eyebrow

валасы

hair

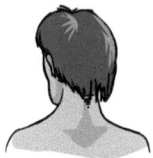

шыя

neck

шпіталь
hospital

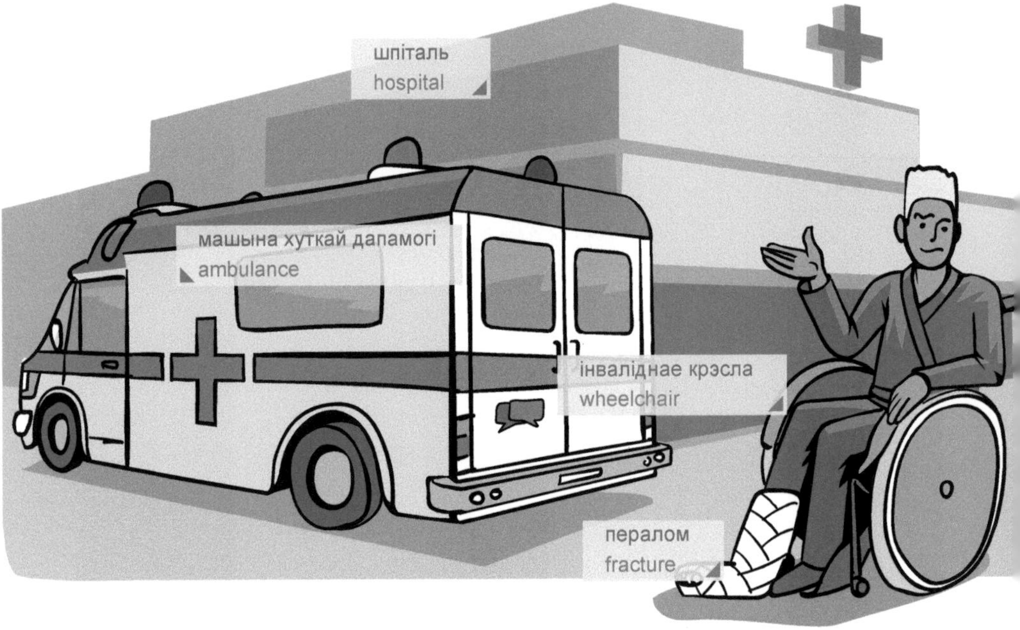

шпіталь
hospital
машына хуткай дапамогі
ambulance
інваліднае крэсла
wheelchair
пералом
fracture

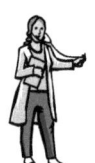

доктар

doctor

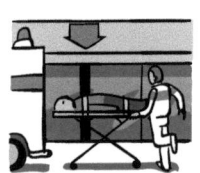

аддзяленне першай дапамогі

emergency room

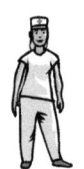

медсястра

nurse

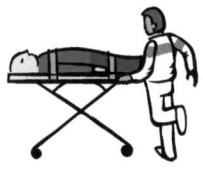

экстраная дапамога

emergency

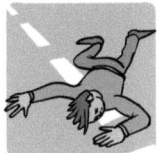

непрытомны

unconscious

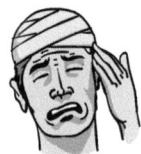

боль

pain

траўма

injury

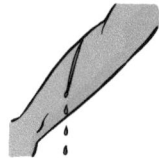

крывацёк

bleeding

інфаркт

heart attack

апаплексія

stroke

алергія

allergy

кашаль

cough

гарачка

fever

грып

flu

панос

diarrhea

галаўны боль

headache

рак

cancer

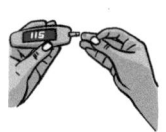

дыябет

diabetes

хірург

surgeon

скальпель

scalpel

аперацыя

operation

КТ

CT

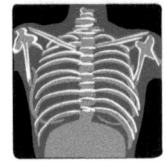

рэнтген

x-ray

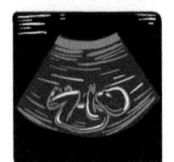

ультрагук

ultrasound

маска

face mask

хвароба

disease

пачакальня

waiting room

мыліца

crutch

пластыр

plaster

бінт

bandage

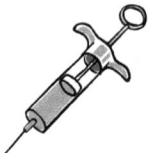

ін'екцыя

injection

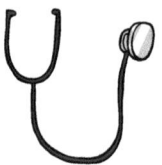

стэтаскоп

stethoscope

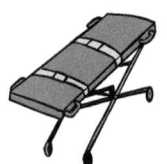

насілкі

stretcher

градуснік

clinical thermometer

нараджэнне

birth

лішняя вага

overweight

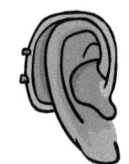

слухавы апарат

hearing aid

дэзінфекцыйны сродак

disinfectant

інфекцыя

infection

вірус

virus

ВІЧ/СНІД

HIV / AIDS

лекі

medicine

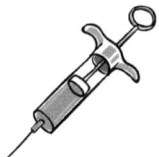

прышчэпка

vaccination

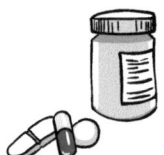

таблеткі

tablets

супрацьзачаткавая
таблетка

pill

экстраны выклік

emergency call

танометр

blood pressure monitor

хворы / здаровы

ill / healthy

Ратуйце!

Help!

сігналізацыя

alarm

напад

assault

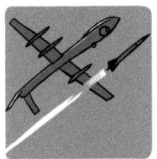

атака

attack

небяспека

danger

аварыйны выхад

emergency exit

Пажар!

Fire!

вогнетушыцель

fire extinguisher

аварыя

accident

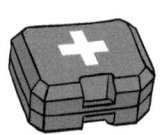

аптэчка

first-aid kit

СОС

SOS

паліцыя

police

Еўропа

Europe

Паўночная Амерыка

North America

Паўднёвая Амерыка

South America

Афрыка

Africa

Азія

Asia

Аўстралія

Australia

Атлантычны акіян

Atlantic

Ціхі акіян

Pacific

Індыйскі акіян

Indian Ocean

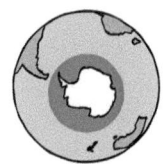

Паўднёвы ледавіты акіян

Antarctic Ocean

Паўночны ледавіты акіян

Arctic Ocean

Паўночны полюс

North pole

Паўднёвы полюс

South pole

Антарктыда

Antarctica

Зямля

earth

краіна

land

мора

sea

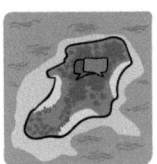

востраў

island

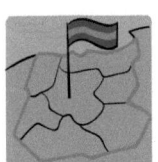

нацыя

nation

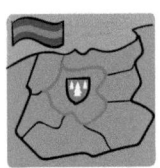

дзяржава

state

цыферблат

clock face

гадзінная стрэлка

hour hand

хвілінная стрэлка

minute hand

секундная стрэлка

second hand

Колькі часу?

What time is it?

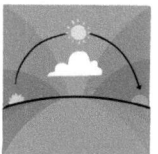

дзень

day

час

time

зараз

now

электронны гадзіннік

digital watch

хвіліна

minute

гадзіна

hour

тыдзень

week

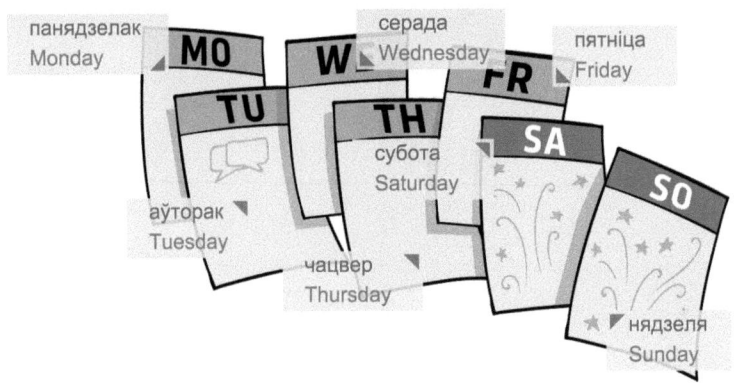

панядзелак
Monday

серада
Wednesday

пятніца
Friday

аўторак
Tuesday

субота
Saturday

чацвер
Thursday

нядзеля
Sunday

ўчора
....
yesterday

сёння
....
today

заўтра
....
tomorrow

раніца
....
morning

абед
....
noon

вечар
....
evening

MO	TU	WE	TH	FR	SA	SU
1	2	3	4	5	6	7
8	9	10	11	12	13	14
15	16	17	18	19	20	21
22	23	24	25	26	27	28
29	30	31	1	2	3	4

працоўныя дні
....
workdays

MO	TU	WE	TH	FR	SA	SU
1	2	3	4	5	6	7
8	9	10	11	12	13	14
15	16	17	18	19	20	21
22	23	24	25	26	27	28
29	30	31	1	2	3	4

выхадныя
....
weekend

год
year

дождж
rain
вясёлка
rainbow
снег
snow
вецер
wind
вясна
spring
восень
fall
лета
summer
зіма
winter

4.APRIL 11°
5.APRIL 4°
6.APRIL 13°
7.APRIL 8°
8.APRIL 10°

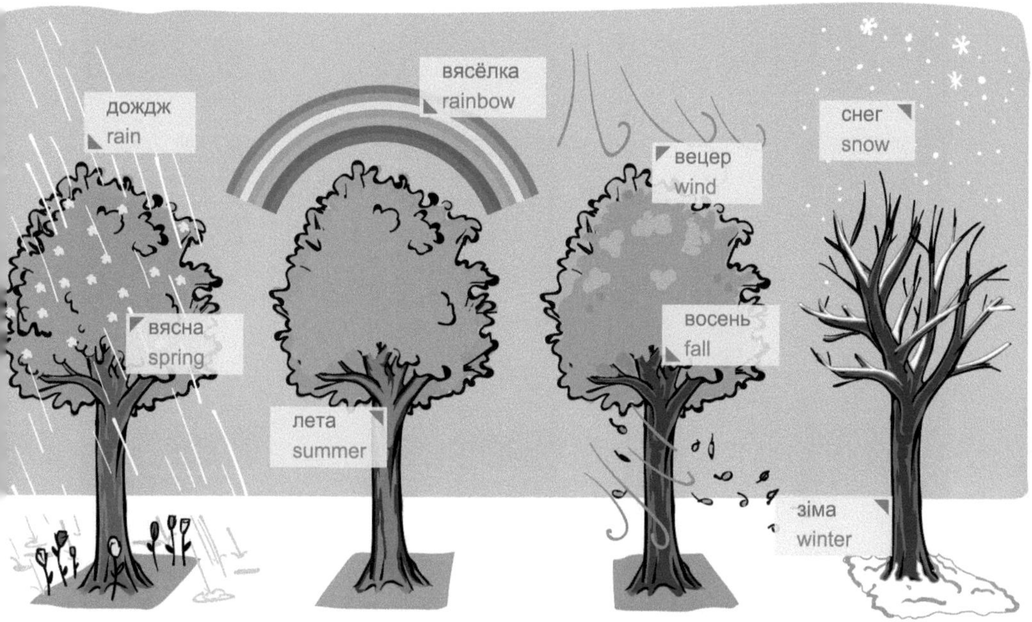

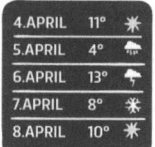

прагноз надвор'я

weather forecast

F C
120 40
90 30
60 20
30 10
0 0
-30 -10
-20

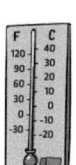

градуснік

thermometer

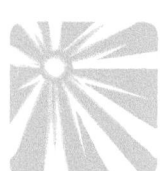

сонечнае святло

sunshine

воблака

cloud

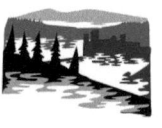

туман

fog

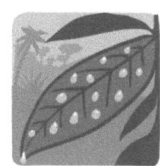

вільготнасць паветра

humidity

маланка

lightning

гром

thunder

бура

storm

град

hail

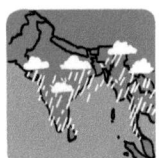

мусонны вецер

monsoon

прыліў

flood

лёд

ice

студзень

January

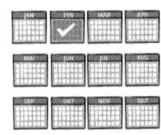

люты

February

сакавік

March

красавік

April

май

May

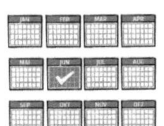

чэрвень

June

ліпень

July

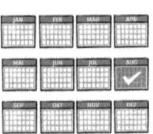

жнівень

August

год - year

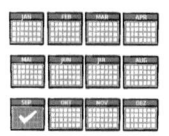

верасень
....
September

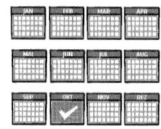

кастрычнік
....
October

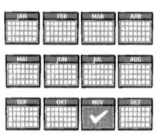

лістапад
....
November

снежань
....
December

круг
....
circle

квадрат
....
square

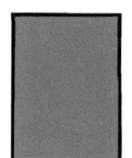

прамавугольнік
....
rectangle

трохвугольнік
....
triangle

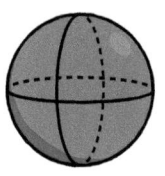

шар
....
sphere

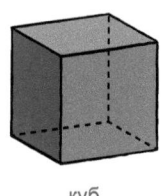

куб
....
cube

белы

white

жоўты

yellow

аранжавы

orange

ружовы

pink

чырвоны

red

фіялетавы

purple

сіні

blue

зялёны

green

карычневы

brown

шэры

gray

чорны

black

шмат / мала

a lot / a little

злы / добры

angry / calm

прыгожы / брыдкі

beautiful / ugly

пачатак / канец

beginning / end

высокі / малы

big / small

светлы / цёмны

bright / dark

сястра / брат

brother / sister

чысты / брудны

clean / dirty

поўны / няпоўны

complete / incomplete

дзень / ноч

day / night

мёртвы / жывы

dead / alive

шырокі / вузкі

wide / narrow

ядомы / неядомы

edible / inedible

злы / добры

evil / kind

узбуджаны / нудны

excited / bored

тоўсты / тонкі

fat / thin

першы / апошні

first / last

сябар / вораг

friend / enemy

поўны / пусты

full / empty

цвёрды / мяккі

hard / soft

важкі / лёгкі

heavy / light

голад / смага

hunger / thirst

хворы / здаровы

ill / healthy

нелегальны / легальны

illegal / legal

разумны / дурны

intelligent / stupid

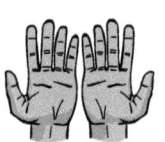

левы / правы

left / right

побач / далёка

near / far

новы / былы ва ўжыванні

new / used

нічога / нешта

nothing / something

стары / малады

old / young

укл / выкл

on / off

адчынены / зачынены

open / closed

ціхі / гучны

quiet / loud

багаты / бедны

rich / poor

правільна / няправільна

right / wrong

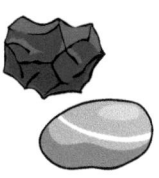

шурпаты / гладкі

rough / smooth

сумны / шчаслівы

sad / happy

кароткі / доўгі

short / long

павольны / хуткі

slow / fast

вільготны / сухі

wet / dry

цёплы / халаднаваты

warm / cool

вайна / мір

war / peace

супрацьлегласці - opposites

0

нуль

zero

1

адзін

one

2

два

two

3

тры

three

4

чатыры

four

5

пяць

five

6

шэсць

six

7

сем

seven

8

восем

eight

9

дзевяць

nine

10

дзесяць

ten

11

адзінаццаць

eleven

12

дванаццаць

twelve

13

трынаццаць

thirteen

14

чатырнаццаць

fourteen

15

пятнаццаць

fifteen

16

шаснаццаць

sixteen

17

сямнаццаць

seventeen

18

васямнаццаць

eighteen

19

дзевятнаццаць

nineteen

20

дваццаць

twenty

100

сто

hundred

1.000

тысяча

thousand

1.000.000

мільён

million

англійская

English

англійская (Амерыка)

American English

кітайская мандарынская

Chinese Mandarin

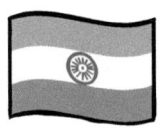

хіндзі

Hindi

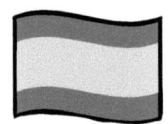

іспанская

Spanish

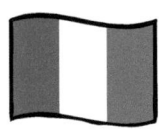

французская

French

арабская

Arabic

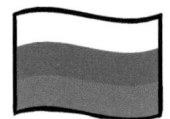

руская

Russian

партугальская

Portuguese

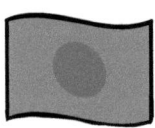

бенгальская

Bengali

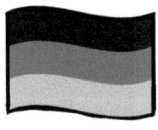

нямецкая

German

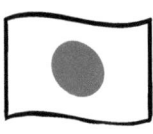

японская

Japanese

я
I

ты
you

ён / яна / яно
he / she / it

мы
we

вы
you

яны
they

хто?
who?

што?
what?

як?
how?

дзе?
where?

калі?
when?

імя
name

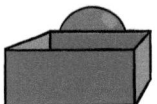

за

behind

у

in

перад

in front of

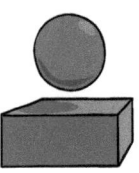

над

over

на

on

пад

under

каля

beside

паміж

between

месца

place